ÉTUDES CRITIQUES

SUR DES

QUESTIONS CONSTITUTIONNELLES

PAR

Charles HOUPERT

CONSERVATEUR DES HYPOTHÈQUES EN RETRAITE A SARREBOURG

Accomplissement d'un dernier devoir civique.

1866

IMPRIMERIE DE Ve RAYBOIS

Rue du faub. Stanislas, 3

NANCY

1. De la Décentralisation administrative.
2. Des grands Principes de 1789.
3. De la Liberté de la Presse.
4. De la mise en pratique de nos Constitutions de 1830 et 1852.
Pourquoi la Constitution de 1830 est-elle tombée? — Comment pouvons-nous maintenir celle de 1852?

Nancy, imprimerie de v[e] Raybois, rue du faubourg Stanislas, 3.

ÉTUDES CRITIQUES

SUR DES

QUESTIONS CONSTITUTIONNELLES

DE LA

DÉCENTRALISATION ADMINISTRATIVE

SES BASES

Je suis un Partisan sincère de la Décentralisation administrative, et cependant je ne puis me rallier *au Projet de Nancy*. J'éprouve tout d'abord le besoin d'en dire les motifs.

Je tiens pour illégale toute modification qui serait en opposition avec la constitution de 1852, qui nous régit.

Je tiens pour bonne la division actuelle en Départements, telle qu'elle est fixée par la Loi, et consacrée par une possession presque séculaire.

Ces réserves faites, j'entre franchement au cœur de la discussion.

Qu'est-ce qu'une Commune, sinon la base, une portion

intégrante d'un grand Tout homogène, que l'on nomme l'État.

Si la Commune est instituée dans son Indépendance; si elle nomme son Maire et son Conseil municipal par le suffrage universel, sans aucune espèce d'intervention de l'autorité supérieure, elle se constitue en vraie République : l'Etat ne se trouve plus composé que d'une multitude de petites Républiques, et pour conserver son homogénéité, il doit devenir forcément un Gouvernement Républicain.

Si la Commune est instituée de telle sorte que l'autorité supérieure doive choisir son Maire dans le Conseil municipal, il s'en suivra nécessairement que l'autorité sera entraînée à peser sur les Elections pour faire entrer au Conseil le Maire de son choix : que le Maire, ainsi introduit, tentera à son tour de peser aussi sur l'Election pour se procurer des Appuis au Conseil; l'Election se trouvera donc comprimée dans sa libre manifestation. Le Gouvernement de l'État, fait à son image, ne sera plus qu'un Gouvernement hybrique dans lequel le principe d'autorité aura été faussé dans son origine, et qui perdra sa force avec son prestige.

Ces deux hypothèses, trop réelles, sont en opposition flagrante avec la Proclamation de l'Empire, qui n'a été qu'une Protestation éclatante pour le Rétablissement du Principe d'autorité, la Révolution de 1848 ne nous ayant que trop appris que ce principe est la seule sauvegarde de nos Intérêts les plus légitimes.

Pour trouver la bonne Voie, il importe donc de serrer la question de plus près.

1. Qui doit Gouverner dans la Commune?

2. Qui doit régler la Gestion des Intérêts Communaux?

3. Qui a le Pouvoir exécutif de les administrer suivant ces prescriptions?

1.

La Constitution tranche nettement la première question. L'Empereur règne et gouverne : seul il exerce le Pouvoir exécutif, seul il peut le déléguer à ses agents.

Dans la Commune, c'est le Préfet délégué du Gouvernement qui doit nommer le Maire, en lui conférant le Pouvoir de gouverner et de faire des Règlements obligatoires dans la Commune. Ni le suffrage universel, ni le Conseil municipal ne peuvent revendiquer ce Droit, sans se mettre en révolte contre la Constitution.

Le Maire est subordonné à la direction et au contrôle du Préfet, pour le maintien de l'unité de Pouvoir dans les Départements.

Ici se révèle la nécessité d'une Modification essentielle dans notre système de Centralisation, puisqu'il est matériellement impossible au Préfet de surveiller tous les Maires de son Département. L'intervention des Sous-Préfets, telle qu'elle existe, ne lui apporte aucun secours direct, puisque ces Magistrats ne sont chargés que d'instruire les affaires, de donner leur Avis, de faire sur place les Investigations que les Bureaux de la Préfecture ne peuvent faire par eux-mêmes.

Ne conviendrait-il pas de faire des Sous-Préfets de véritables Magistrats administratifs, comme ils en portent déjà les Insignes et en touchent les Emoluments, en leur conférant le droit de décision sur une foule de questions de détail, de peu d'importance en elles-mêmes, qu'il y aurait intérêt à vider sur place et avec célérité. A cet effet, il faudrait convertir les Sous-Préfectures en une sorte de Justice de paix administrative, avec sa Compétence limitée, sous réserve d'appel au Préfet, en cas de contestation; adjoindre au Sous-Préfet un Secrétaire général pour le seconder et le remplacer en cas de congé ou d'empêchement, afin que les traditions habituelles de l'Administration ne soient pas interrompues. Ce secrétariat pourrait être un stage où de jeunes Avocats viendraient se préparer aux fonctions de Conseiller de Préfecture. La dépense que nécessiterait cette nouvelle Création, serait plus que couverte par les suppressions d'Employés qu'elle commanderait de faire dans les bureaux de la Préfecture. Alors serait enfin démantelée cette Tour des oubliettes des Préfectures où sont amoncelées tant de Réclamations arriérées, tant de Paperasses inutiles, qui sont la Plaie de notre Administration.

Les Maires nommés par le Préfet n'entreraient pas de plein droit au Conseil municipal avec Voix délibérative : ils n'y auraient accès qu'avec Voix consultative, à moins qu'ils ne soient personnellement élus Conseillers. Devant le Suffrage universel, il ne peut exister ni Pivilége ni Exclusion.

2.

La solution de la 2e question est aussi explicite.

A la Commune seule le Règlement de la Gestion de ses Intérêts.

A la Commune représentée par son Conseil municipal; élu par le Suffrage universel, dégagé de toute pression de l'autorité totalement désintéressée dans l'Election du moment où son Droit de choisir librement le Maire n'est plus contesté.

Ce Conseil municipal se constituant par lui-même dans son Indépendance, en nommant son Président à chaque session, comme il nomme déjà son Secrétaire.

Se réunissant de droit à chaque session Trimestrielle fixée par la Loi.

Pouvant, sur la Convocation de son Président, se réunir en séance extraordinaire au besoin, sans autre condition qu'un Avis donné 5 jours à l'avance à chacun de ses Membres, pour les mettre en demeure de prendre part aux délibérations.

Ses séances non publiques pour l'ordre des Discussions : sauf le droit pour chaque Electeur de prendre au Greffe copie de la Délibération, de la publier par la voie de la Presse, de la commenter à ses risques et périls.

Dans la plénitude de ses Droits et sous cette publicité licite,

Le Conseil municipal chargé de la conservation du Patrimoine de la Commune ne peut en aliéner aucune partie, que dans le cas de nécessité justifiée, et avec l'autorisation du Conseil d'arrondissement ratifiée par le Conseil général du Département.

Il ne peut faire d'Emprunt, engageant l'avenir, sans cette même autorisation.

En dehors de ces deux circonstances capitales, il reste libre dans ses Décisions.

Il règle le mode de jouissance de ses biens ; en autorise la location par adjudication sous les Conditions du Cahier des charges qu'il a arrêté à l'avance.

Il décide les Constructions des Etablissements communaux, les grosses Réparations et pourvoit à l'entretien de toutes ses Propriétés.

Il prend en un mot toutes les mesures d'ordre et de conservation d'un Propriétaire vigilant.

Il vote, avec l'adjonction des plus imposés, les centimes additionnels nécessaires à ses besoins, dans la limite de la Loi de finance.

Il impose ou modifie toute taxe d'octroi, également dans la limite de la loi de finance.

Vote les prestations en nature, les Rétributions scolaires, les places au Marché, au Cimetière, et en général toutes les taxes dont les habitants peuvent être grevés.

Il pourvoit au paiement de ses Dépenses dans son Budget.

Dans aucun cas il ne peut autoriser une Dépense sans lui assigner des fonds libres pour la solder.

Il délègue un de ses Membres pour les fonctions d'ordonnateur des Dépenses. Aucune Dépense ne sera acquittée par le Receveur municipal que revêtue du visa de l'ordonnateur, qui rappellera le n° du Budget auquel la Dépense se rapporte.

Le Budget sera préparé par le Maire et par lui présenté au Conseil dans sa session annuelle. Il y sera discuté contradictoirement. Le Conseil accepte ou rejette les propositions du Maire, les modifie suivant la décision de la majorité et arrête le chiffre de la Recette et de la Dépense. La Commune décline tout engagement de payer des dépenses non inscrites au Budget, ou qui ne seraient pas couvertes par un Crédit supplémentaire.

Le Budget est soumis à l'approbation du Conseil d'arrondissement. En cas de désaccord, le Conseil général du Département décide en dernier ressort.

Si la Commune avait omis de comprendre dans son Budget des Dépenses obligatoires, le Sous-Préfet en requerrait l'Inscription d'office près du Conseil d'arrondissement.

Le Maire présente annuellement au Conseil son Compte

de gestion avec toutes les pièces à l'appui. Le Conseil le vérifie et arrête le chiffre de la Recette et de la Dépense.

Ce compte est aussi soumis à l'approbation du Conseil d'arrondissement et en cas de désaccord à celle du Conseil général du Département, sous réserve de la Juridiction de la Cour des Comptes, quand il y a lieu.

3.

La solution de la 3e question est plus ambiguë, à raison de la position spéciale des deux parties en cause.

D'une part, le Maire, délégué du Préfet, n'exerce dans la Commune que le Pouvoir d'un délégué de l'Etat; il n'a pas plus qualité de s'emparer de l'administration des Intérêts communaux, que de ceux d'un simple particulier.

D'autre part, la mission du Conseil municipal, en premier ordre, est de régler la gestion des Intérêts communaux, il ne saurait s'en attribuer l'administration effective, sans compromettre son droit de contrôle, sans se poser en juge et partie dans sa propre cause.

Dans cette situation, la question ne peut se vider que par un compromis analogue à ce qui se pratique au Corps législatif entre les Députés et les Ministres, entre le Pouvoir législatif et le Pouvoir exécutif.

Déjà le Maire a tout le prestige du Pouvoir, puisqu'il gouverne dans la Commune : en lui conférant le Pouvoir effectif d'administrer les biens communaux, il réunit les Pouvoirs de gouverner et d'administrer, en consolidant l'un par l'autre l'unité de ses Pouvoirs en sa main, à l'avantage de tous. L'administration du Maire sera d'autant mieux garantie qu'il reste placé dans ses doubles attributions sous le contrôle de l'autorité Préfectorale. Il ne pourra plaider en Justice sans l'autorisation du Préfet. Il ne pourra présenter de projet de Constructions sans devis préalable et sans plan régulier. Il ne pourra charger la Commune de Dépenses en dehors du Budget, ni changer leur destination. Son intervention, légalement circonscrite, ne sera pas de nature à peser sur le Conseil municipal et à le priver de son droit d'appréciation.

Le Conseil municipal conservera son droit légitime de régler le mode de Gestion des Intérêts communaux avec Indépendance de l'administration, ce qui lui suffit pour sa mission.

CONCLUSION.

Je ne me dissimule pas que les modifications dont je crois avoir démontré la nécessité, bien que conformes à la Constitution, sont de nature à jeter de la perturbation dans notre système administratif, parce qu'elles attaquent la Centralisation dans sa base même, tout en maintenant l'unité du Pouvoir exécutif.

Je les crois utiles, en ce que consacrant l'Indépendance légitime de la Commune, elles ranimeront la vie publique, condition si essentielle du régime Constitutionnel.

Je les crois opportunes, parce que dans l'état actuel de l'opinion publique, il importe d'appeller son atention sur des questions d'utilité pratique, plutôt que de la laisser s'égarer dans des Idées spéculatives et dans des Réminissences du passé.

C'est affaiblir l'autorité de la Constitution que de réclamer sans cesse le couronnement de l'édifice, avant que sa base ne soit consolidée.

Quand *tous* nous remplirons nos devoirs civiques *avec Patriotisme,* la vraie Liberté se répandra dans nos Institutions comme dans nos Mœurs, aussi naturellement que l'eau qui coule de sa source.

Il ne dépend que de nous d'en hâter le moment.

En conséquence je conclus en demandant :

1° Que les Maires soient choisis par le Préfet sur la liste des Electeurs de la Commune, et qu'ils conservent l'administration des Biens communaux, sous le Contrôle de l'autorité Préfectorale.

2° Mais que les Conseils municipaux soient rétablis dans leur droit légitime de régler la Gestion des Intérêts communaux avec Indépendance.

Qu'à cet effet, les Budgets et les Comptes ne soient plus soumis qu'à l'approbation du Conseil d'arrondissement, et en cas de désaccord à celle du Conseil général du Département. C'est par la Commune que la Liberté doit passer, pour pénétrer dans l'Etat, et s'y maintenir. Ne persistons pas à vouloir résoudre le problème à rebours.

DES GRANDS PRINCIPES DE 1789

On a beaucoup exalté les grands principes de 1789, comme la plus précieuse conquête de la Révolution.

En quoi se résument-ils?

Déchéance du Pouvoir absolu afin de restituer à l'homme sa liberté naturelle de penser, parler, agir suivant sa raison.

Plus d'autre Pouvoir suprême que la Loi, consentie par tous, dans l'intérêt de tous, consacrant l'Egalité de chacun.

Liberté, Egalité, comment des Idées aussi généreuses éprouvent-elles autant de difficultés pour s'implanter dans nos Institutions? Nous serions-nous laissés séduire par un mirage trompeur? Les Lois morales, comme les Lois physiques sont soumises à des Principes fixes, qui en assurent l'harmonie; s'il nous arrivait de vouloir décréter que les planètes sont affranchies de tourner autour du soleil, tous nos efforts ne viendraient-ils pas se briser contre la loi de gravitation.

Sans aucun doute, l'homme a le droit naturel d'user de sa Raison, comme l'arbre à fruits, qui élève sa cime, étend ses branches, *en pleine liberté;* mais si le jardinier ne dirigeait pas la séve vers les boutons fertiles, s'il n'émondait pas les branches gourmandes, s'il n'extirpait pas les chancres, l'arbre finirait bientôt par revenir à l'état sauvage, ou par périr misérablement.

Si l'homme prétend s'affranchir du Pouvoir absolu du jardinier, ce ne peut être qu'à la condition qu'il saura lui-même en remplir l'office et qu'il trouvera dans sa Raison le courage de persévérer dans ses bonnes Résolutions. Il lui faudra constamment lutter contre ses mauvais penchants, contre ses passions, se défendre contre les mauvais penchants et contre les passions d'autrui; sa Liberté deviendra son Bien propre, parce qu'il l'aura légitimement acquise par son labeur, comme ses autres Biens. Le droit à la Liberté est en analogie avec le droit au Travail : les Constitutions d'Etat peuvent bien en assurer la jouissance, mais elles ne peuvent empêcher que l'homme, par sa faute et sa négligence, n'en dissipe les fruits, et qu'il ne lui en reste que de la fumée.

La Liberté en elle-même n'est pas un droit, mais une faculté dont l'homme doit user à ses risques et périls. Suivant la Raison, non sa Raison personnelle sujette à l'erreur, mais la Raison commune, basée sur des Croyances communes; plus ces Croyances sont sincères, plus la Liberté est fermement assise.

Ne serait-ce pas pour avoir méconnu ces principes que la Liberté a tant de mal à se maintenir dans nos institutions?

Unité de Foi, unité de Loi, serait la perfection à atteindre pour une Liberté complète, si elle était possible.

Pourquoi l'homme, avec une même Organisation, offre-t-il à nos yeux une Physionomie personnelle si variée? Pourquoi la Force, la Beauté des Formes, ainsi que les Dons de l'Intelligence lui ont-ils été répartis avec tant d'Inégalité, si ce n'est pour nous montrer qu'il n'existe pas d'Egalité naturelle entre les hommes.

Les hommes ne sont égaux entre-eux que parce qu'ils ont tous reçu une âme immortelle, faite à l'image de Dieu, leur père commun. Cette âme est le Foyer de leur intelligence, le Flambeau de leur Raison, qui fait converger tous ses rayons dans la Conscience.

C'est parce que l'homme est un Être raisonnable qu'il est destiné à vivre en société : il a été doué de Raison pour apprendre à se connaître lui-même, ét à développer dans la société les facultés qui lui ont été réparties.

C'est par son labeur personnel qu'il acquiert les qualités qui lui donnent une supériorité réelle sur ses semblables. Cette supériorité légitime est de droit naturel, et doit trouver sa place dans toutes les Constitutions d'Etat. Quel sera le moyen naturel de les constater ?

Dans un Etat libre, ce sera l'Election, par le suffrage de tous les citoyens capables de remplir leurs devoirs civiques avec Patriotisme. Ces Elections pourront ne pas être parfaites, mais ne confèrent le Pouvoir que pour un temps limité, elles seront toujours susceptibles d'être rectifiées par des Elections subséquentes ; les abus pourront se réparer, non sans peine, mais sans nécessité de recourir à une Révolution.

Tout Etat où les Electeurs s'abstiendraient ou rempliraient sans patriotisme leurs Devoirs civiques, ne serait pas mûr pour la liberté ; ils seraient forcés de rester sous la protection du pouvoir absolu, qui leur répartirait la somme de liberté qu'il les croirait apte à utiliser, ou les gouvernerait despotiquement. Dans ces circonstances, les citoyens ne pourraient secouer le joug que par une Révolution.

Les deux Voies sont donc bien tracées.

Avec la Liberté, travail incessant ; mais les abus peuvent disparaître successivement sans Révolution.

Avec le Pouvoir absolu, sécurité relative; mais une Révolution peut seule en secouer le joug.

La Loi ne doit être faite :

Ni par celui qui commande, ce serait du Despotisme ;

Ni par celui qui doit obéir, ce serait de l'anarchie.

Il faut le concours de tous deux, et que dans ce concours, chacune des deux parties contractantes conserve le caractère qui lui est propre.

A celui qui commande, l'Initiative de la Loi ; il doit seul la formuler, puisqu'il est responsable de sa bonne exécution.

A celui qui obéit, la discussion libre et contradictoire de la Loi, avec le droit de l'accepter ou de la rejeter, à ses risques et périls.

Pourquoi, faisant application de ces Principes de logique irréfutable à notre Constitution de 1852 :

C'est l'Empereur seul qui propose la Loi en vertu de son Pouvoir souverain de régner et de gouverner.

Le Projèt de Loi est préparé par son Conseil d'Etat, qui le présente en son nom au Corps Législatif, en expose les motifs et en soutient la discussion contradictoire.

Le Corps Législatif accepte ou rejette après cette discussion, sans pouvoir y introduire d'amendements non consentis par le Conseil d'Etat.

Chacune des deux parties reste ainsi dans son droit; l'unité du Pouvoir est maintenue.

Mais il ne devrait pas en être de même en ce qui concerne le Budget et les Comptes : là les rôles des deux parties contractantes sont intervertis.

C'est la nation qui doit commander, puisqu'aucun Impôt ne peut être valablement établi qu'avec son consentement.

C'est le Gouvernement qui doit obéir, puisqu'il ne peut valablement acquitter aucune dépense, sans ouverture préalable de crédit.

Le projet de Budget ne devrait donc pas être préparé par le Conseil d'Etat, incompétent en ces matières, mais par le Gouvernement même, par chacun des Ministres en son Département.

Il devrait être présenté au Corps législatif par les Ministres : ils connaissent le mieux les besoins à satisfaire ; nul mieux qu'eux et leurs délégués ne peuvent développer et justifier leurs propositions.

Le Corps Législatif dans son omnipotence en matière de Recettes et de Dépenses, discute contradictoirement, accepte ou rejette les propositions de Budget, les modifie suivant les décisions de la majorité. Les Ministres doivent s'y conformer.

Les Ministères ne pourront être renversés ni pour leur opinion, ni par esprit de Parti, tant qu'ils resteront dans les prescriptions du Budget.

Mais les Ministres resteront sous le droit commun d'être poursuivis comme concussionnaires ou prévaricateurs, et la morale publique aura satisfaction.

Depuis la première Révolution, nous avons vu successivement, tous les Partis, sous l'inspiration des principes de 1789, essayer de pratiquer, non sans gloire, le Gouvernement de leur choix ; ces tentatives devaient pécher par la base, puisqu'elles ont toutes fatalement abouti au cataclysme de 1848.

Alors s'est formé ce grand Parti national, qui, avec l'autorité du suffrage universel et à une immense majorité, a institué l'Empire avec la Constitution qui nous régit.

Cette Constitution constate en premier ordre :

Notre droit de ne reconnaître comme obligatoire que les

Lois *acceptées* par nos Mandataires librement élus; ce qui circonscrit le Pouvoir exécutif dans sa limite légale.

Notre droit de ne supporter aucun Impôt, de ne payer aucune dépense, sans être préalablement *discutés* et *votés* annuellement par nos Mandataires; ce qui nous assure les avantages du Self Governement.

Ce sont bien là les bases d'un Gouvernement libéral : sachons en tirer les conséquences pour la division des deux Pouvoirs publics.

La Liberté ne se gagne pas sur un coup de Dés : il faut un labeur constant pour la mériter; il faut surtout que tous les Electeurs remplissent leurs devoirs civiques avec patriotisme.

L'exercice régulier du suffrage universel n'exige pas une Egalité de capacité impossible entre les Votants; mais simplement ce sentiment de bon sens et de bonne foi qui porte le malade à recourir au médecin, le plaideur aux conseils de l'avocat, l'inférieur à ceux du supérieur. Ces influences naturelles et légitimes doivent être respectées et seulement stigmatisées quand elles se corrompent en séduction et en commandement. Sans ces influences nécessaires, il y aurait dans l'Election lutte brutale de Partis, et pas d'Election libre.

Pour qu'une Election soit patriotique, il faut des Electeurs patriotes. Il ne dépend que de nous de justifier l'omnipotence du suffrage universel.

DE LA LIBERTÉ DE LA PRESSE

L'homme a le droit naturel d'exprimer ses Pensées et de les publier par la Voie de la Presse, sans autre condition que d'engager sa Responsabilité personnelle, pour répondre des Faits déclarés délicteux par les Lois.

Cette Responsabilité devrait être réputée suffisamment engagée, par le Dépôt de l'Imprimé fait au Parquet par l'Ecrivain avant sa publication ; puisqu'alors la Justice est saisie du corps du délit, qu'elle connaît le coupable et que rien ne s'oppose à ce que l'Instance soit régulièrement engagée sur ces données.

L'Imprimeur n'est que l'Agent passif de l'Ecrivain. Sa responsabilité coopérative à une œuvre qu'il n'avait pas qualité, ni capacité pour juger, ne devrait pas s'étendre au delà de l'obligation de justifier du Dépôt de l'Imprimé incriminé, avant sa publication, puisque le dépôt effectué, le vrai coupable est révélé.

Telles sont les Immunités générales de la Presse, sous le régime constitutionnel.

Jusqu'à quel point peuvent-elles s'appliquer aux journaux politiques ?

Ce serait une grosse Erreur de croire que ces Journaux

font l'opinion publique : s'il paraissait en France un Journal Mormon, il ne trouverait pas cent abonnés.

Les Journaux ne font pas l'opinion publique, ils la reflètent, la développent, la dirigent, l'excitent : les divers journaux se combattent entre eux, et dans la lutte, leur plus redoutable adversaire est la Liberté même, parce que s'ils en abusent pour diriger l'opinion contre ses propres aspirations, alors l'opinion se détourne d'eux, puis les abandonne, s'ils persistent.

Sous un Gouvernement constitutionnel, l'opinion publique est le grand jury national, qui décide, en dernier ressort, les questions constitutionnelles ; puisqu'aucune modification ne peut être faite à la Constitution, sans la sanction du suffrage universel.

L'opinion publique est aussi le Grand jury national, qui prononce en dernier ressort sur tous les actes de l'administration, puisque c'est dans ses comices qu'il nomme les Députés chargés de contrôler les Ministres et de concourir au Gouvernement de l'Etat.

Aucune Autorité ne peut méconnaître sa juridiction, ni décliner sa compétence ; le suffrage universel seul est omnipotent.

Les Journaux politiques n'étant en fait que les organes des Partis, remplissent devant ce Grand jury des fonctions analogues à celles de l'Avocat devant une Cour d'assises.

Personne ne voudrait que l'avocat fût privé de liberté dans son Plaidoyer.

Personne ne prétendrait que l'avocat ne remplit pas son devoir, quand il cherche à prouver la non culpabilité du Prévenù, ou au moins à atténuer la gravité du délit.

Personne n'oserait mettre en suspicion le verdict du Jury, à raison de la liberté laissée à la défense.

Quand il sera bien compris que les Journaux politiques ne sont que les avocats des Partis, personne ne pourra leur dénier le droit de discuter devant le Grand Jury national les questions constitutionnelles et les actes de l'Administration, lesquels sont de la compétence exclusive de ce Jury, qui n'a pas à réclamer la protection de la Loi pour faire respecter ses décisions.

Cette question de liberté de discussion des questions constitutionnelles vidée, et la Constitution n'en autorise pas d'autres, la Loi sur l'Institution des Journaux politiques n'aura plus qu'à régler leur constitution en Organe de publicité et à déterminer leur responsabilité.

Elle pourrait se résumer ainsi :

1° Tous citoyens français, en jouissance de leurs droits civils et civiques, ont le droit de se réunir en société, pour fonder un Journal politique, sans autorisation préalable et sans cautionnement; à charge de déposer au Greffe du tribunal civil l'expédition en forme de leur acte de société, en y joignant une déclaration signée du Gérant, constatant les nom, prénoms, professions, résidence de tous les collaborateurs attachés à la rédaction du journal, à titre de rédacteurs ou de correspondants, et dont la signature engage de droit la responsabilité de la société : en cas de mutation, le Gérant sera tenu d'en faire de suite annotation.

2° Quand un Ecrivain, étranger à la rédaction, voudra faire insérer dans le journal un de ses articles de polémiques, il devra en faire préalablement le dépôt au Parquet, comme en matière de Presse ; alors la responsabilité du Journal ne pourra pas s'étendre au delà de celle de l'Imprimeur de l'Ecrit.

3° Dans son acte de constitution, la société se reconnaîtrait civilement responsable de toutes les condamnations pécuniaires qui pourraient être prononcées contre son Journal, à raison de tous les faits spécifiés comme délicteux dans les codes, et déclarera affecter en premier ordre et par privilége tout son matériel en garantie de ce paiement.

(Les condamnations à des peines d'emprisonnement contre l'Ecrivain devront être préalablement converties, par une Loi spéciale, en privation à temps de la jouissance des droits civiques, privation qui sera fixée par le Jugement et ne pourra être d'une durée moindre d'une année.)

4° Dans son acte de constitution, la Société s'engagera à n'employer directement ou indirectement à la rédaction de son Journal, aucun Français, du dedans ou du dehors, qui serait privé de la jouissance de ses droits civiques, à peine de voir déclarée la Société dissoute d'office. La Prison ou l'exil ne sont que trop souvent un Piédestal; il faut punir la plume coupable.

5° Impôt des Journaux politiques.

1° Attendu que les œuvres de l'Esprit, ne sont pas matière imposable, les Journaux sont affranchis de l'Impôt du Timbre.

2° L'Impôt des droits de Poste sera doublé, comme équivalent d'un service rendu.

3° Il sera établi au profit du Trésor un Impôt sur les Annonces, du cinquième de leur coût, lequel sera versé à la fin de chaque mois par le Journal dans la caisse de l'Etat.

Et par complément, dans l'intérêt et pour le besoin de tous.

6° A la diligence du Préfet, il sera établi dans chaque département un Moniteur officiel pour la publicité :

Des actes de l'autorité;

Des annonces légales;

Des annonces diverses;

L'Impôt sur ces annonces sera réduit au dixième, à raison de la publicité réduite au Département.

Ce Journal pourra aussi publier sans commentaire, les Faits divers et les Nouvelles, sous la responsabilité du Gérant.

A ce moyen les droits de la libre discussion seront maintenus, les seules restrictions que la Constitution permette seront posées, c'est aux vertus civiques des citoyens à pourvoir au reste.

Parce que la Constitution nous a fait tous citoyens, elle ne nous en a pas donné les qualités, par droit de naissance, c'est à nous à les acquérir, en nous pénétrant bien de l'idée que, dans tous Etats policés, les attaques contre la famille, la propriété, la foi religieuse, resteront toujours des délits, punissables par les lois.

Une Nation, digne de la Liberté, doit prouver sa virilité par l'opinion publique, qui est l'expression légale de ses sentiments de Patriotisme.

DE LA

MISE EN PRATIQUE DE NOS CONSTITUTIONS

DE 1830 ET 1852

Pourquoi la Constitution de 1830 est-elle tombée? — Comment pouvons-nous maintenir celle de 1852?

La Faute capitale de Louis-Philippe, c'est de n'avoir jamais oublié qu'il était le premier Prince du Sang, appelé par droit de naissance à monter sur le trône, en qualité de chef légitime de l'antique maison des Bourbons, après le décès du duc de Bordeaux sans postérité.

Personne n'a dû ressentir plus cruellement que lui les Egarements de la Restauration, qui mettaient ce trône en péril, d'où son opposition systématique, sa défaveur, ses relations avec les divers Partis, ses engagements téméraires, sa révolte lors du danger, sa proclamation comme Lieutenant général du Royaume, avec le Pouvoir suprême.

Il espérait bien garder le dépôt de ce Pouvoir jusqu'à l'abdication du duc de Bordeaux, parce qu'alors, réunissant dans sa main le Pouvoir de Roi légitime et de Roi Constitutionnel, il serait en mesure, avec l'assistance du Parti légitimiste et du

Parti constitutionnel, de dominer tous les autres Partis qui n'avaient pas de profondes racines dans le pays.

Ce calcul pouvait être habile ; mais il ne devait pas se concilier avec les exigences des Partis descendus en armes sur la rue ; le Parti constitutionnel surtout, ahuri de son triomphe subit, sentait le besoin extrême de dominer la situation.

Le vénérable Lafayette se chargea de montrer aux Républicains Louis-Philippe avec la Constitution comme la meilleure des Républiques.

J. Lafitte, chef reconnu des constitutionnels, exigea impérieusement de Louis-Philippe sa prompte acceptation de la couronne.

Parce que Bourbon, quoique Bourbon, c'était bien là réellement le nœud gordien de la question, qui se trouva définitivement tranchée par l'acceptation de la Constitution par le Roi.

La monarchie constitutionelle a été à l'instant reconstituée avec le vôte des Chambres, sur sa base élargie par l'abaissement du Cens électoral à 200 fr., pour donner une sorte de satisfaction aux Partis.

J. Lafitte, premier Président du Conseil des Ministres, n'a gardé le pouvoir que peu de temps, pour cause de désillusionnement personnel.

C. Perrier, caractère plus fortement trempé, lui a succédé; il a usé ses forces et sacrifié sa vie pour raffermir le Gouvernement en le maintenant dans la voie constitutionnelle, sans pouvoir y réussir.

C'est que déjà un grave dissentiment s'était révélé dans les Conseils de la Couronne, dont la solution avait été prudemment ajournée après la répression de la révolte armée.

Les chefs du Parti constitutionnel entendaient faire prévaloir leur principe : le Roi règne et ne gouverne pas; tandis que le Roi croyait fermement son honneur engagé à ne pas laisser amoindrir entre ses mains le sceptre de sa Race, et pensait rester suffisamment fidèle à son serment en maintenant tous les articles de la Constitution. Ce qui prouve sa bonne foi, c'est qu'il a tenu ce serment plus tard, à son grand dommage, quand il a refusé toute Réforme aux Partis.

Dans ces graves circonstances, le Roi ne pouvant abandonner la direction de son ministère à un chef du Parti prépondérant, conserva pour lui-même la Présidence réelle du Conseil, où sa haute intelligence trouvait naturellement une place que nul n'osait lui contester.

De là l'origine du Gouvernement personnel, dont le Roi a assumé avec courage la responsabilité sur sa tête dans des moments bien critiques, en ayant soin d'exclure systématiquement ses Enfants de toute participation aux actes de son Gouvernement, pour ne pas compromettre l'avenir de la Royauté dans leur personne.

Désormais ce sera la volonté personnelle du Roi qui dominera dans le Gouvernement; les Ministres ne seront plus que ses Interprètes : le Roi les changera suivant les exigences du moment, pour toujours jouer le même air sur un autre Instrument, mieux approprié aux oreilles du Parti prépondérant.

Pour conserver leur influence sur les Chambres et se maintenir en bons rapports avec la majorité, les ministres ont été forcément engagés à peser sur les Elections pour s'assurer des Députés satisfaits. Il était facile de prévoir que leur intervention directe dans les Elections ne ferait que raviver l'opposition des Partis hostiles en lui donnant une cause de grief qui pouvait amener la désaffection générale ; et qu'à un jour donné le Gouvernement personnel, condamné par tous, ne trouverait plus d'appui nulle part. C'est ce qui a arraché à

Louis-Philippe, dans sa fuite, ces paroles amères : tous m'abandonnent, comme Charles X.

C'est ainsi que de 1815 à 1848, nous avons pu constater :

Qu'un Roi, de droit divin, peut perdre sa Couronne, pour avoir violé la Constitution qu'il avait jurée.

Qu'un Roi constitutionnel, tout en maintenant fermement les articles de la Constitution, peut être délaissé pour en avoir violé l'Esprit, en substituant sa volonté personnelle à la responsabilité de ses Ministres. Bien que nos Pouvoirs législatifs n'aient pu encore se mettre d'accord pour arrêter les bases de cette Loi, au bout de laquelle nos chefs de Partis voyent la Roche Tarpéïenne, qu'ils ne veulent pas affronter.

Et la Charte, cette Charte constitutionnelle pour la défense de laquelle la Nation s'était si bravement soulevée lors des Ordonnances de Juillet, comment se fait-il que dans le moment du péril, elle ait été abandonnée de tous, oubliée de tous ?

Un fait d'une telle gravité doit porter avec lui son enseignement.

C'est que chaque Nation constituée a son caractère propre, son terrain préparé à l'avance pour recevoir ses Institutions, et qu'on ne peut impunément y implanter une autre forme de Gouvernement, parce qu'elle prospère chez une autre Nation, placée dans des conditions différentes.

Nous avons été bien aveugles de chercher un Type de Gouvernement chez les Anglais, nous surtout qui sommes leurs aînés dans la voie de la Civilisation, avec nos mœurs plus sympathiques, mieux disposés à la Fraternité.

Sans doute en Angleterre, le Roi règne et ne gouverne pas.

C'est le Parlement : c'est une Aristocratie territoriale qui remonte dans la nuit des temps, qui s'est toujours conservée intacte par la Loi des successions et des substitutions, ouvrant ses rangs à toutes les illustrations, non celles de l'esprit et du talent de bien dire, mais à celles qui ont donné des Gages certains de leur haute capacité : voilà le rempart inexpugnable de leur Principe d'autorité.

La Liberté pour eux a son siége dans la Chambre des Communes, qui se recrute périodiquement dans leur Pays légal, par des Elections abandonnées à tout ce que la licence et la corruption ont de plus effréné, et qui n'ont de contre-poids que dans la publicité des votes et dans une savante distribution de Colléges électoraux qui laissent sous le patronage immédiat des Lords un certain nombre de Bourgs pourris. Toutes les tentatives de Réforme n'ont eu jusqu'alors pour but que de faire disparaître ces deux obstacles matériels, ou peut-être de faire admettre dans le corps électoral les représentants des associations ouvrières. Quant à augmenter notablement le nombre des votants, personne n'y peut penser sérieusement : ce serait augmenter démésurément les dépenses déjà si énormes des Candidats à l'élection, ou exposer les votants à supporter le supplément de ces dépenses entrées si complétement dans les mœurs publiques.

Est-ce bien là le critérium à introduire dans notre belle France, si chevaleresque, qui porte si haut le sentiment de l'honneur et de la délicatesse personnelle?

Sur notre sol nivelé par les Révolutions, divisé constamment par notre Loi de succession, mobilisé par nos ventes et nos achats, où trouverions-nous à asseoir un Parlement avec son aristocratie?

Et notre Pays légal, dont nous avons exclu systématiquement les Capacités qui devraient naturellement le diriger, ne l'avons-nous pas, par ce fait, livré aux séductions du Pouvoir et aux intrigues des Partis?

Partout où l'influence de l'Angleterre a pu pénétrer dans notre vieille Europe, elle a laissé des résultats néfastes de son passage dans les Institutions.

La Grèce, livrée à l'anarchie.

Le Danemarck, spolié.

En Prusse, un conflit sans issue entre la Royauté et les Députés de la Nation.

Dans la loyale Espagne, le trône d'une femme à la merci de la soldatesque.

En Italie. . . . .

La Belgique seule semble faire exception, grâce au Nestor des Souverains : mais surgisse une de ces questions qui soulèvent les passions des masses, telle que le dissentiment laissé si imprudemment s'engager entre les Catholiques et les libres Penseurs, croit-on pouvoir l'appaiser avec une tolérance septique. Déjà on voit poindre la nécessité de fondre ce petit Etat dans un plus puissant, les libres Penseurs ne pouvant par eux-mêmes former une Nation compacte.

Devant toutes ces déceptions, la France n'a heureusement pas failli à sa noble mission civilisatrice : d'un regard ferme elle a mesuré le précipice creusé sous ses pas par la Révolution de 1848. Et d'un élan vigoureux elle a franchi tous les obstacles qui s'opposaient au rétablissement de l'ordre, en plantant bravement son Drapeau à la base même de tout Principe d'autorité. C'est sur le suffrage universel direct, sur ce roc inébranlable, qu'elle a fondé sa Constitution de 1852.

Il ne lui reste plus maintenant qu'à faire l'apprentissage du suffrage universel, en ne lui demandant que ce qu'il a capacité de lui donner.

Bien évidemment le suffrage universel est le Pouvoir omnipotent; nul ne peut contester sa Juridiction, ni décliner sa Compétence.

Quand il a délégué l'autorité à une Institution, à une Personne, nul ne peut contester la légitimité de son Principe d'autorité.

Le suffrage universel consacre bien l'Egalité des droits de tous, mais il ne peut faire que tous ayent la même capacité pour les exercer. Ne lui demandons donc pas de faire de nous tous des législateurs, des administrateurs pouvant nous gouverner nous-mêmes, cela lui est impossible.

Mais comme il ne faut que du bon sens et de la bonne foi pour apprécier si une loi est conforme aux grands principes de Justice, si elle ne lèze pas nos intérêts et nos sentiments intimes, nous pouvons demander à ne reconnaître comme obligatoires que les Lois acceptées par nos mandataires librement élus.

Comme il ne faut que du bon sens et de la bonne foi, pour juger si les Impôts qui nous grèvent sont trop lourds ou mal répartis; si les Dépenses à faire sont utiles ou si elles excèdent nos ressources ; nous pouvons demander que nos Budgets soient préalablement discutés et votés par nos Mandataires.

Ce sont ces grands Principes de Justice pratique, que notre Constitution de 1852 a défini avec autant de sens que de raison dans les attributions qu'elle a reconnu aux élus du suffrage universel. Tenons nous-y religieusement : c'est la plage hospitalière après la tempête, c'est la terre ferme au lieu du pont du navire agité.

Il n'entrait pas dans les décrets de la Providence que l'homme fût capable de se gouverner lui-même, puisque dans sa vie naturelle toutes ses pensées, toutes ses paroles, toutes ses actions, sont soumises à la loi de la conscience, placée en dehors de sa volonté.

Il n'entrait pas davantage dans les décrets de la Providence que les hommes, dans la vie politique, pussent se gouverner par eux-mêmes puisqu'ils ne sont pas tous doués de la même capacité.

Ces vérités éternelles bien comprises de tous, quelle est donc cette Liberté si hautement réclamée comme le couronnement de la Constitution, si ce n'est la liberté de choisir nos Mandataires avec indépendance : mais cette liberté, inhérente au suffrage universel, est consacrée par la Constitution. Nous sommes parfaitement libres de jouir de notre droit, avec obligation d'en user avec fermeté et patriotisme suivant notre conscience.

Si nous sentons le besoin de nous éclairer, nulle autorité ne peut nous empêcher de nous entendre avec nos amis, nos voisins, de consulter même la commune Renommée, comme nous le pratiquons quand nous avons besoin de choisir un médecin dans nos maladies. Et si nous avons un grain de bon sens, nous nous garderons bien pour nous guérir de recourir au premier charlatan qui, à grands coups de tambour, assemble la foule sur la place publique pour lui vendre sa Panacée universelle.

Sarrebourg, le 15 janvier 1866.

HOEPFERT.

www.ingramcontent.com/pod-product-compliance
Ingram Content Group UK Ltd.
Pitfield, Milton Keynes, MK11 3LW, UK
UKHW032024260826
14628UKWH00006B/2717

9 782011 781437